MW01171874

Primera edición: marzo, 2023

Ángel Gabriel © 2023 por Jerry Santiago

Diseño de portada © 2023 por Jerry Santiago

® por, Jerry Santiago García, (2023)

ISBN 979-8-218-16622-9

Para información: jerrysantiagogarcia@gmail.com

*Para Miguel: por aguantarme mis locuras
y por siempre retener esa inocencia de niño.*

*Para Myrna: por todos esos momentos
que no hacemos más que estallar de risa.*

jerry

ÁNGEL

santiago

GABRIEL

garcía

(1984)

Introducción

En el 1993 regresé a Puerto Rico después de vivir una temporada en México. Hacía un año que me encontraba en el Distrito Federal (hoy llamado Ciudad México) con el propósito de hacer una maestría en Letras en la UNAM, pero el Distrito Federal me succionó con toda la fuerza de un agujero negro a un universo alucinante que, como diría el filósofo francés Deleuze, se plegaba y desplegaba continuamente delante de mí y terminé dejando la universidad. De alguna manera, perdí toda la fuerza de voluntad ante tantos vericuetos por descubrir y no me quedó más que rendirme. Al llegar a Ponce, para deshacerme de la monotonía y lo que encontraba un trabajo y tratando de evitar desesperadamente de no perder el recuerdo de mi novio que había dejado allá, me puse a escribir la obra teatral *Calles sin sol*. Cuando la terminé, se la envié al dramaturgo Roberto Ramos Perea para que la leyera. Al cabo de varias semanas, me envió una carta como de cuatro páginas en las cuales me dejó saber lo terrible que era la obra. Y tenía toda la razón, aunque al principio me costó aceptarlo.

Pero de ese "fracaso", surge la obra de teatro *Ángel Gabriel*. Pues engaveté ese libreto para algún otro momento y comencé a trabajar en otra obra. Resulta que, para aquellos días, había conocido a un muchacho cuya forma de pensar me cautivó y terminamos haciéndonos muy buenos amigos. Desafortunada e inesperadamente, un día desapareció sin despedirse. Un mes más tarde, me llamó por teléfono para disculparse y darme explicaciones. Y de esa llamada, tan humana y tan trágica, algo reverberó en mi alma y le dio forma a la concatenación de imágenes que se van enmarañando en las mentes de los personajes de *Ángel Gabriel*. De alguna manera deseaba atrapar fuertemente ese anhelo de redención que se escurría imperceptiblemente entre cada espacio de cada palabra que escuchaba por el teléfono. *Ángel Gabriel es,* entonces, una obra de redención, en la cual se busca rescatar esa humanidad intrínseca que posee cada ser humano.

Pero mejor me callo…para que ustedes mismos puedan descubrirlo…

25 de febrero de 2023

Lugar de la acción: la sala de cualquier casa. La situación que plantea la obra puede acontecer en cualquier familia de cualquier clase social de cualquier lugar. Al comenzar la obra es alrededor de las cinco de la mañana.

Personajes:

> *CHEO, padre*
> *ELSA, madre*
> *EDUARDO, hijo de unos 25 años*
> *AMELIA, novia de Eduardo de unos 20 a 25 años*
> *DOÑA JOSEFA, vecina*
> *ÁNGEL GABRIEL, amigo de Eduardo, de 20 a 25 años*
> *LOLITA Y PANCHITO, peces*

La interpretación del personaje de Ángel Gabriel dependerá, por supuesto, de la visión y de la creatividad del director y del actor. Se me hace difícil dilucidar este personaje, ya que su misma esencia escapa toda clase de explicación. Ángel Gabriel es un ser abstracto, producto de las alucinaciones de Eduardo en su desintegración moral y espiritual. Esto no quiere decir que ya no exista o que no existió, pues Gabriel y Eduardo desarrollaron una profunda amistad. Gabriel es un ser que representa la potencialidad de otra vida. Él es ese brinco, ese agujero negro en la mente de Eduardo que le ofrece su salvación y un escape de su demencia.

Al comenzar la obra, Eduardo está escribiendo en su cuaderno de poesías. Estos son los "monólogos internos" de Eduardo. Estos monólogos se proyectarán sobre las paredes, el techo, el piso o cualquier otro espacio del escenario.

EDUARDO

(Eduardo aparece durmiendo en el sofá. Parece sobresaltado por una pesadilla. Despierta y se pone a escribir en su libreta de poemas.) Las voces vuelven. Se escurren inadvertidamente por las paredes. Todas atrapadas en mi cuerpo. Las tuyas, las mías, las de nosotros. Hay momentos que siento que enloquezco, Eduardo. ¿Enloqueceré? Esparcidos alrededor de mí, fragmentos, tuyos y míos...pedazos de aquello que alguna vez fue nuestra fe. Si el silencio por fin penetrara de un golpe en mi cabeza. A menudo pasan los días y no escucho el sonido de mi voz. Anhelo un amigo, un amante, un salvador, lo que sea. Tu rostro, Gabriel, me parece débil, distante, irreconocible por la neblina del recuerdo. La noche rueda sobre sus aros, pero pronto se desgranará en el occidente. *(Yendo a la nevera. Se le cae un vaso.)* ¡Tras! Se hizo añicos, se fragmentó. *(Recoge los pedazos del vaso del piso.)* Tres muertos, amontonados, pudriéndose, en un mismo ataúd.

ELSA
Eduardo...

EDUARDO
No más silencio.

ELSA
¿Eduardo?

EDUARDO
Sí.

ELSA
¿Qué haces levantado, hijo?

EDUARDO
Solo quería agua. Tenía sed.

ELSA
¿Rompiste un vaso?

EDUARDO
Se me resbaló.

ELSA

Vete, acuéstate. Yo lo recojo.

EDUARDO

No, madre. Yo puedo hacerlo.

ELSA

Te vas a cortar.

EDUARDO

Madre.

ELSA

¿Estabas bebiendo?

EDUARDO

No. No podía dormir.

ELSA

¿Escribiendo? ¿No es así?

EDUARDO

Las palabras no me dejan vivir. Me desvelan.

ELSA

Dame esa libreta, Eduardo.

EDUARDO

¿Mis poemas?

ELSA

(Halándole la libreta.) Suéltalos, hijo. Por tu bien.

EDUARDO

No. Vas a romperlos, madre.

ELSA

Baja la voz. Se va a levantar tu padre.

EDUARDO

(Dándole la libreta a Elsa.) Aquí tienes.

ELSA

No deberías escribir; deberías descansar. Te lo ordenó el doctor.

EDUARDO

¿Qué sabe él de mi alma?

ELSA

No digas tonterías, hijo. No te hacen bien.

EDUARDO

(A punto de romper la libreta.) Madre, ¿no la vas a romper?

ELSA

Baja la voz. Vas a levantar a tu padre.

EDUARDO

Madre, dame mis poemas. Ustedes me sofocan.

ELSA

Toma. Guárdalos. Que tu padre no los vea.

(Entra Cheo.)

CHEO

¿Qué hora es, Elsa?

ELSA

Son las cinco.

CHEO

Este que se largue. Mañana mismo.

ELSA

Eduardo, ¿te caliento un poco de sopa?

EDUARDO

No tengo hambre.

CHEO

¿Se puede saber qué hace este merodeando a estas horas?

ELSA
¿Te traigo un panecito? ¿Un té?

EDUARDO
Madre, no quiero nada.

ELSA
No puede dormir, Cheo. Eduardo, toma, un poquito de agua de azar.

EDUARDO
Me da asco.

CHEO
Escribiendo poemas, ¿verdad?

ELSA
Cheo, vámonos a dormir.

CHEO
Aquí no se puede dormir.

ELSA
Ven. Ya va a acostarse.

CHEO
La gente normal duerme; este escribe poemas.

ELSA
Apaga la luz, Eduardo.

CHEO
Se le olvida que nosotros trabajamos.

EDUARDO
¿Mis cigarrillos, madre?

CHEO
Te estoy hablando.

EDUARDO
¿A mí? ¿Desde cuándo?

CHEO
Cuando yo hablo, tú te callas, pedazo de mierda. A mí, se me respeta.

EDUARDO
No estaba siendo irrespetuoso.

ELSA
Vámonos a la cama, Cheo.

CHEO
La próxima vez que tú hables cuando yo te estoy hablando, te parto la cara. ¿Me oyes? En mi casa, yo no quiero ni poetas ni comunistas ni maricones. Elsa, que se acueste esa mierda. *(Dirigiéndose a Eduardo.)* Ángel Gabriel. ¿Quién carajo es Ángel Gabriel?

ELSA
Ven acuéstate, mi occidente.

CHEO
Eduardo, ¿quién carajo es Ángel Gabriel?

EDUARDO
Alcánzame los cigarrillos, por favor.

ELSA
Mijito, eso te causa ansiedad. El doctor...

EDUARDO
Yo los alcanzo.

ELSA
Déjame arreglarte la almohada. ¿Estás cómodo?

EDUARDO
Estoy bien.

ELSA

Deberías comer algo, Eduardo. Tienes los ojos enterrados.
Parecen unas lunas locas, fuera de órbita.

EDUARDO

Trataré de dormir. Buenas noches, madre.

CHEO

Ese, en Vietnam, se hubiera muerto de hambre.

ELSA

Si comes algo, dormirás mejor.

EDUARDO

Mañana.

CHEO

No insistas más. Que se muera.

ELSA

Te voy a traer...

EDUARDO

No, madre. No me traigas...

CHEO

Hasta mierda tuve que comer yo.

ELSA

De todos modos, te voy a traer un vaso de leche y un pedacito de
flan.

EDUARDO

Madre, olvídalo.

CHEO

(*Hablando con los peces.*) Lolito... Panchita...vengan, coman.
Oye, Panchita, cuídate mucho. Lolito parece que tiene muy malas
intenciones. Y además esta noche hace mucho frío.

ELSA
Se te van a reventar, esos peces.

CHEO
Están en celo, no hay duda. Un poquito más de comida.
Muchachitos, no den tantas vueltas y acuéstense a dormir. Buenas
noches.

ELSA
(A Eduardo.) Siéntate. Aquí tienes.

CHEO
Mami, sírveme un *whisky.*

ELSA
*(Elsa se retiene en la cocina preparándole un sándwich a
Eduardo.)* Voy.

CHEO
Yo me lo sirvo.

ELSA
Ya voy.

CHEO
No, no. Yo me lo sirvo.

ELSA
Cheo, siéntate. Yo te lo preparo.

CHEO
Ve, consiéntelo. Por eso parece una nenita.

ELSA
Un bocado, Eduardo. Sé bueno.

EDUARDO
No quiero comer, madre.

ELSA
Vamos. Inténtalo.

EDUARDO
Déjame dormir.

ELSA
No quieres comer, no comas.

CHEO
Elsa, ¿la botella de *whisky*?

ELSA
En el gabinete. Arriba.

CHEO
Aquí no está.

ELSA
En el cuarto. No sé. Eduardo, hijo...

EDUARDO
Podemos hablar mañana. Tengo sueño.

ELSA
Tú no puedes continuar así.

EDUARDO
¿Comer? ¿Quieres verme comer? Dame ese plato. *(Agarrando el plato.)* Seré bueno y comeré. Reventaré como los peces. Solo... solo déjame respirar. Aléjate un poco.

ELSA
¿Qué pasa, hijo?

EDUARDO
No te acerques. Por favor. Me dio náuseas.

CHEO
Se esfumó, se disolvió la botella de *whisky*. Soy bueno como poeta, ¿no creen? Ese se la tomó. Estoy seguro.

EDUARDO
¿Por qué yo?

ELSA
¿Buscaste debajo de la mesita de noche? Yo voy por ella.

CHEO
No está allí. Yo ya busqué.

ELSA
¿Debajo de la cama?

CHEO
No hay rastro de la botella, Elsa. El poeta se la tomó. Lo inspira, dice.

EDUARDO
No hay inspiración. Los mitos perecieron.

CHEO
(A Eduardo.) ¿Qué hiciste con el *whisky*?

EDUARDO
Si lo tuviera, frente a mí, ahora, me lo bebería, cada gota...

CHEO
Dime, hijo de puta.

EDUARDO
...para que me anestesiara toda mi alma.

CHEO
Ves, Elsa. Este se atosigó el *whisky*.

EDUARDO
No me lo tomé.

CHEO
No mientas. No te he enseñado a mentir.

EDUARDO
No miento. *(Irónicamente.)* Tú me enseñaste a no mentir.

CHEO
Búscame el *whisky*.

EDUARDO
No sé dónde está.

ELSA
Cheo, Eduardo, sí me contó, esta tarde...bueno...que él sí se lo
había tomado. Entiende. Él no se siente bien.

EDUARDO
Madre...Cheo... yo nunca... madre, ¿de qué estás hablando?

CHEO
Ladrón y mentiroso.

EDUARDO
Lo juro. Yo no me lo tomé. Madre, dile la verdad.

CHEO
Así que tu madre es una mentirosa.

EDUARDO
No. No. Pero yo nunca le dije...

CHEO
Nos rompemos el culo para darte lo que necesitas y...

EDUARDO
Partir...arrastrar el alma...por las calles...

ELSA
Cheo, vente. Vámonos a la cama.

EDUARDO
...dejar el alma realenga en cualquier pastizal...

CHEO
...jodiéndonos por ti...

ELSA
Ya es tarde, Cheo.

CHEO
...dejándonos el pellejo en el trabajo...

EDUARDO
Una pistola. Aquí. En las cienes. Puf. El fin.

CHEO
¿Vas a escucharme?

EDUARDO
Está bien. Yo lo hice. Yo cogí la botella. ¿Ahora puedo acostarme? *(Cheo le pega a Eduardo.)* No me vuelvas a tocar.

ELSA
Cheo, mañana hay que levantarse temprano.

CHEO
Yo soy tu padre y te rompo la cara cuando se me antoje. ¿Entiendes?

EDUARDO
No me vuelvas a tocar.

CHEO
Es un mal agradecido. Cría cuervos y te sacarán los ojos. A dormir. Yo trabajo.

EDUARDO
Partir...partir y no regresar. Pero siempre este miedo a...

CHEO
Parte. Nadie te lo está impidiendo.

ELSA
Ven, mi occidente. Yo te arropo.

EDUARDO
No. Hace calor. Me asfixia.

CHEO

Déjalo, mujer. Por eso no sabe defenderse.

ELSA

Espera...te traigo un calmante.

CHEO

(Hablándole a los peces.)
Buenas noches, Lolito. Buenas noches, Panchita. Acurrúquense.
Eso. Hace frío.
(Se retira al dormitorio.)

EDUARDO

Siguen amontonando tierra sobre nosotros...

CHEO

Elsa, quítame las medias.

ELSA

(Dándole una pastilla a Eduardo.) Tu calmante, Eduardo.

EDUARDO

Pala viene y pala va. Enterrándonos. Despiadadamente. No
quiero ningún calmante.

ELSA

Me voy a ir, Eduardo. Lejos

EDUARDO

Dame.

ELSA

Se los tengo dicho. No van a volver a verme.

EDUARDO

No tranquilizan mi alma. La inquietan.

ELSA

Eduardo, hijo, ¿no puedes hablar de otra cosa?

CHEO

Elsa. Te estoy esperando. Hace frío.

EDUARDO

Abre una ventana. El calor me sofoca.

ELSA

Debemos rezar, Eduardo. El cura dice que Dios derrama su paz
sobre sus hijos. Nuestra casa necesita paz.

CHEO

Elsa, carajo, ven a acostarte.

EDUARDO

Pronto descansaremos en paz, madre. Eternamente. ¿No oyes?
La tierra cayendo, desparramándose sobre nosotros.

ELSA

Eduardo, por Dios, no hables así.

EDUARDO

Buenas noches, madre.

ELSA

Arrodillémonos, Eduardo.

EDUARDO

Madre, quiero dormir.

ELSA

Recemos, Eduardo. Ven.

EDUARDO

¿Por qué me miras así? ¿Por qué tus ojos...qué buscan?

ELSA

Tú servías a Dios, hijito. La paga del pecado es muerte.

EDUARDO

Buenas noches, madre.

ELSA
Yo rezaré por todos.

EDUARDO
Madre, tus ojos me siguen, desbaratándome...en la oscuridad de
mi ser, en los pechos de Amelia, en los ojos de Gabriel.

ELSA
No son mis ojos. Son los de Dios.

EDUARDO
Tal vez. Pero no creo.

ELSA
Tú lo renegaste.

EDUARDO
Son los ojos de la desilusión. Por no continuar siendo cura.

CHEO
Elsa, tráeme una aspirina. Me duele la cabeza.

EDUARDO
Buenas noches, madre.

CHEO
Y un vaso de agua.

EDUARDO
Madre, buenas noches. *(Elsa no le contesta.)* Madre, dije buenas
noches. Siempre ese silencio para abismarme.

ELSA
(Elsa comienza a rezar el rosario.)
Santa María, madre de Dios, ruega por nosotros pecadores...

EDUARDO
Yo no tomé la botella. Tú lo sabías.

ELSA
...ahora y en la hora de nuestra muerte. Amén.

EDUARDO
¿Por qué dijiste que yo la había tomado?

ELSA
Dios te salve María...

EDUARDO
Madre, contéstame.

ELSA
Ya voy, Cheo. Eduardo, apaga la luz y acuéstate.

EDUARDO
No tengo sueño. *(Cogiendo su libreta de poemas.)* Vuelven las palabras, las voces.

ELSA
Dame esa libreta.

EDUARDO
La aspirina, Elsa.

EDUARDO
Por favor, dame la libreta.

CHEO
Elsa, la aspirina. ¿Qué diablos está pasando contigo y con ese?

ELSA
Tu papá se va a levantar. Voy por ahí con la aspirina, Cheo.

EDUARDO
Madre, dame la libreta...o escribo en las paredes, en el techo, en las cortinas.

CHEO
El loco ese que se acueste.

ELSA
El *whisky*...yo lo sabía. No quiero que Cheo siga bebiendo. Se pone violento. Ven, dame un beso. *(Eduardo se lo niega.)*

CHEO
Es un cuervo.

ELSA
Estoy esperando. Bueno, que importa.

EDUARDO
Un tiro en la cabeza y el final. Clic. Puf.

(Sale Elsa.)

EDUARDO
(Escribiendo.) Mi cuerpo ya no siente nada, Gabriel. Quisiera mutilarme un dedo, una oreja...para sentirme vivo en este universo que se descompone. Y mi ser...mi ser se aleja cada vez más y más lejos dentro de mi cuerpo...a algún lugar infinito, donde pueda escapar de los llantos del hombre que ríe despiadadamente...de la ausencia de tu sonrisa. El anhelo...ese deseo... de ver tu cuerpo desnudo frente a mí...tu cuerpo...un hálito, un estremecerse, un total misterio, ahora impalpable. ¿En cuál bar te estarás emborrachando mientras te convences de que no piensas en mí?

(Entra Ángel Gabriel.)

GABRIEL
Llueve, Eduardo...y el cielo se cae a pedazos en el suelo. ¿Pensé que tal vez podríamos caminar bajo la lluvia, fumarnos un cigarrillo y recoger trozos de cielo?

EDUARDO
¿Llueve? No se siente aquí, Gabriel.

GABRIEL
Ven...vamos a escaparnos.

EDUARDO
Tú no existes, Gabriel.

GABRIEL
Sí, existo.

EDUARDO
No, Gabriel, tú ya no existes. Existe el alma descascarándose a pedazos como pintura vieja. Pero tú no existes.

GABRIEL
Ven, vamos a mojar nuestras almas de lluvia...redimirnos.

EDUARDO
No hay salida. ¿Lo olvidaste?

(Cheo y Elsa hablan desde el cuarto.)

CHEO
Elsa, abre una ventana. Algo se pudre.

ELSA
Están condenadas. Hace tiempo.

GABRIEL
Vamos, Eduardo.

EDUARDO
Todas las puertas a la eternidad están clausuradas.

ELSA
Acuéstate ya, Eduardo. Apaga la luz.

CHEO
No me hagas ir para la sala.

ELSA
Son los calmantes, Cheo. Lo hacen alucinar.

EDUARDO
Morir...bajo un aguacero...en alguna parte de México...

GABRIEL
Dame tu mano, Eduardo.

EDUARDO
Vete, Gabriel. No puedo.

(Entra Elsa. Gabriel permanece congelado en el espacio
y en el tiempo.)

ELSA
No se puede dormir. El calor es insoportable.

EDUARDO
Sofoca.

ELSA
¡Si lloviera! ¡Y espantara esta maldita humedad!

EDUARDO
Aquí no puede llover...acuérdate.

ELSA
¿Por qué sigues levantado, hijito?

EDUARDO
No sé, madre. Algo aquí me devora los huesos. Deben ser los
gusanos.

ELSA
Prométeme una cosa, ¿sí? Que no vas a hablar más tonterías.

EDUARDO
No sé si seré capaz de cumplir esa promesa

ELSA
Siéntate aquí, Eduardo.

EDUARDO
¿Qué quieres, madre?

ELSA
Nada. Abrazarte.

EDUARDO
Suelta. No me gusta que me toquen.

CHEO
Elsa, tráeme una colcha. Hace frío.

EDUARDO
¡El frío de la muerte! *(A Elsa.)* Lo siento. Se me olvidó.

GABRIEL
Eduardo, continúa lloviendo.

ELSA
¡No hay quién aguante este calor! Santa María, envíanos algo de lluvia.

CHEO
¿De dónde salieron tantas moscas, Elsa?

ELSA
Es el calor, Cheo.

CHEO
Pero si hace frío.

EDUARDO
Intentaré dormir.

ELSA
Eduardo, hijo, Ven siéntate aquí.

CHEO
Elsa, ¿qué hora es?

ELSA
Son las cinco. *(A Eduardo.)* Eduardo, por favor.

EDUARDO
Hace calor.

ELSA
Eduardo, solo unos minutos. No seas malo, hijo.

EDUARDO
Como quieras, madre. Me portaré bien y me sentaré al lado tuyo.

ELSA
¿Qué te intranquiliza cuando duermes, Eduardo?

EDUARDO
Tengo sed.

ELSA
No te levantes todavía.

EDUARDO
Tengo sed.

ELSA
Reza, Eduardo, y Dios te los espantará.

EDUARDO
Lo dudo.

ELSA
Cuéntame. ¿Qué sueñas?

EDUARDO
Sueño que me encuentro en un tren...

GABRIEL
Eduardo, el firmamento sigue desmoronándose en las paredes,
en el suelo...

EDUARDO
...un tren, velocidades altas...

ELSA
Esos son viajes, hijo. Sigue.

EDUARDO
...atravesando...más bien, descuartizando la trayectoria...

ELSA
No tienes que seguir contándomelo.

EDUARDO
...tramos carreteras transeúntes quedando atrás...

ELSA
Eduardo, no sigas.

EDUARDO
...detrás, trastornadamente...

ELSA
Te vas a enfermar, hijo.

EDUARDO
...no hay conductor...salto y se descarrila. Sí, madre, viajes. Tu occidente, como me dices...recuerda, tu accidente...se descarrila de su órbita...cayendo en el vacío.

(Tocan a la puerta.)

ELSA
¿Quién será? Aquí no viene nadie hace años

CHEO
Elsa, ¿ya son las seis?

ELSA
No, todavía son las cinco.

(Elsa abre la puerta. Amelia se encuentra afuera esperando que la dejen entrar.) ¿Amelia? Entra, entra.

EDUARDO
¿Amelia? ¿Qué sucede? Entra.

ELSA
Estás empapada.

AMELIA
Me he pasado caminando bajo la lluvia...pensando.

ELSA
¿Llueve? No huele a tierra... dulce...mojada.

EDUARDO
Nos han cubierto de tierra, madre.

ELSA
Suficiente, Eduardo.

EDUARDO
Siéntate, Amelia.

AMELIA
Estoy cansada. Mi alma está cansada.

EDUARDO
¿Cigarrillo?

AMELIA
No. *(Pausa.)* Estoy embarazada, Eduardo.

GABRIEL
Eduardo, la lluvia cae. El pueblo se esconde...los amantes
aparecen...

AMELIA
Mis padres quieren que lo aborte. Honor, comprendes. El qué
dirá la gente.

EDUARDO
Espera...te traigo una toalla para que te seques.

AMELIA
No. Me purifica.

EDUARDO
La pureza no existe.

AMELIA
Tus besos me purifican.

EDUARDO
El hombre la asesinó.

ELSA
Eduardo, por Dios, me voy a desaparecer.

AMELIA
Ellos quieren que me case.

GABRIEL
El agua desciende a cántaros, haciéndose trizas en las puertas, en las ventanas, embarrando toda la calle de nostalgia.

AMELIA
¿Te casarías conmigo, Eduardo?

ELSA
Otro accidente, mi Dios. El pecado de los padres alcanza a los hijos. El cura lo dice. Cheo...Cheo...

EDUARDO
Madre, ¿qué haces?

CHEO
¿Ya son las seis?

ELSA
No, son las cinco. El tiempo se desquició. Cheo, ven a la sala.

EDUARDO
Madre, no le digas nada.

ELSA
Cheo, tienes que escuchar esto. Les dije que tenían que arrepentirse. El cura lo dice.

AMELIA
Eduardo, tengo que irme.

EDUARDO
No. No.

AMELIA
Mis padres me esperan.

EDUARDO
Un minuto, Amelia.

ELSA
Cheo, acaba de venir.

EDUARDO
No se lo digas, madre.

AMELIA
Hasta luego, Eduardo.

EDUARDO
El tren...

ELSA
Eduardo, hijo, ¿que tienes?

EDUARDO
Tengo que saltar.

GABRIEL
La calle se va llenando de paraguas...y sobre ellos el agua
chisporrotea, se desintegra y se integra...para luego deslizarse...

EDUARDO
Gabriel, ¿dónde estás?

ELSA
¿Quién es Gabriel?

AMELIA
¿Ángel Gabriel? El amigo de Eduardo.

ELSA
Cheo, ven. Eduardo tiene algo...

AMELIA
Alguien toca a la puerta, doña Elsa.

ELSA
(Abriendo la puerta.)
Doña Josefa, ¿qué hace levantada tan temprano? Pase, pase.
Puede pasar.

(Entra doña Josefa.)

JOSEFA
No sé...se siente como una intranquilidad que no deja dormir a
una.

ELSA
¿Se le acabaron los cigarrillos?

JOSEFA
No, no es eso. Escuché voces. Pensé que les pasaba algo.

ELSA
No, doña Josefa. Aquí no pasa nada.

JOSEFA
Qué raro. Me pareció que venían de aquí.

EDUARDO
Son los goznes del universo. Se están enmoheciendo.

JOSEFA
¿Cómo dice, niño Eduardo?

(Entra Cheo.)

CHEO
No le haga caso, doña Josefa. Se bebió toda mi botella de *whisky.*

JOSEFA

¡Cómo va a ser! *(Pausa.)* Huele a podrido. ¿No les da a ustedes?

ELSA

La basura. Eduardo se le olvidó sacarla. Buenas noches, doña
Josefa.

JOSEFA

¿Y por qué llora la niñita?

ELSA

La niña está bien. Hasta luego, doña Josefa.

JOSEFA

Aquí como que se desataron los fantasmas. Los puedo oler.

CHEO

Todo está bien, doña Josefa. Lo único que se ha desatado aquí es
su imaginación y su lengua. Todavía le queda su poquito de
noche para que pueda echar un sueñito, ¿no cree?

JOSEFA

Don Cheo, si no se puede dormir. Una picazón le devora el
cuerpo. Como si una tuviera sarna.

EDUARDO

Doña Josefa, váyase tranquila. Aquí estamos todos bien.

JOSEFA

Bueno, en ese caso, intentaré pestañear otro poquito. Oiga, don
Cheo...bueno...si no es mucha molestia...no le queda alguito de
ese *whisky* y un cigarrillito. Ayuda a dormir, sabe.

CHEO

Josefa, el poeta no dejó ni una gota. Le faltaba inspiración, dice.

JOSEFA

¿Y usted, niño Eduardo?

EDUARDO
Sí. (Dándole un cigarrillo.) Tenga, doña...

CHEO
(Interrumpiendo a Eduardo y quitándole el cigarrillo.) ¿Usted trajo algo aquí? Buenas noches, doña Josefa.

JOSEFA
Que se le va a hacer. ¡Queden en paz!
(Sale Josefa.)

ELSA
Amelia, vamos al cuarto...para que te cambies.

AMELIA
Quiero quedarme así, doña Elsa.

ELSA
Te vas a acatarrar.

AMELIA
Mitiga mi dolor.

EDUARDO
Ve con ella, Amelia.

AMELIA
Debo irme, Eduardo.

CHEO
Sírvele un café, Elsa. Para que se caliente.

AMELIA
No, don Cheo. Tengo que irme. Mis padres no saben que me he pasado caminando toda la noche.

CHEO
Toma. Cúbrete con esta chaqueta.

AMELIA
No. Gracias, don Cheo.

CHEO
Vamos, siéntate aquí.

AMELIA
No puedo, don Cheo. Hasta luego.

EDUARDO
Sí. Diles que sí. Que me caso.

AMELIA
Gracias, Eduardo.

EDUARDO
Da igual. Es la paga de mi pecado.

CHEO
¿De qué hablan, Elsa?

ELSA
Aquí tienes, Amelia. *(Haciéndole llegar una taza.)* Café.

AMELIA
Gracias, doña Elsa. Pero ya me voy.

ELSA
Tómatelo. Te calentará la sangre.

CHEO
¿Qué pasa aquí, Elsa?

ELSA
Cheo, ven, te voy a preparar la ropa para el trabajo. *(Sale a prepararle la ropa.)*

CHEO
(Mirando el reloj.) Todavía son las cinco.

EDUARDO
El tiempo se ha descompuesto en esta casa.

CHEO
Amelia, ¿qué está pasando?

AMELIA
Nada, don Cheo. Hasta luego, Eduardo.

GABRIEL
Los cuerpos se transparentan con la lluvia, descubriéndonos sus pechos, sus vientres, sus sexos...

CHEO
No, Amelia, tú no sales de aquí...hasta que me digas.

AMELIA
Don Cheo, mis padres me esperan.

EDUARDO
Vamos, Amelia, te acompaño a la puerta.

CHEO
No te muevas, Amelia.

ELSA
(Entra Elsa.) Cheo, ya puedes cambiarte. Te prepararé la ropa. Vamos.

CHEO
Todavía son las cinco. El tiempo se ha estancado en esta maldita casa.

EDUARDO
Hasta luego, Amelia.

CHEO
Amelia, tú no vas para ningún lado.

AMELIA
Adiós, doña Elsa. Adiós, don Cheo.

ELSA
Espera. Te consigo una sombrilla.

AMELIA
No. Prefiero mojarme.

EDUARDO
(Cambiando de idea.) Amelia... *(Pausa.)* No puedo. Lo siento.

GABRIEL
El agua barre la podredumbre calle abajo, desdibujando el universo...

EDUARDO
Me resisto a perpetuar la mentira.

ELSA
(Dándole una sombrilla a Amelia.) La sombrilla, Amelia.

AMELIA
No la necesito. Gracias.

ELSA
Te vas a resfriar.

AMELIA
No importa.

CHEO
Sírveme un café, Elsa.

ELSA
Ahora te lo traigo.

AMELIA
Adiós, Eduardo.

EDUARDO
Espero comprendas.

AMELIA
Sería tu muerte. Lo sé.

EDUARDO
Hasta luego, Amelia.

(Sale Amelia.)

ELSA
Tu café, Cheo.

EDUARDO
Madre, me podrías servir una taza de café a mí. Por favor.

ELSA
Como no, hijo.

CHEO
Que se levante y lo haga él.

EDUARDO
Si pudiera cerrar los ojos y hacer desaparecer el mundo.

CHEO
¿Ese qué dice?

EDUARDO
Estaba hablando con Lolito.

CHEO
Tráeme el periódico, Elsa.

ELSA
Toma. *(Le da el periódico a Cheo.)*

CHEO
Elsa, ¿quién es Ángel Gabriel?

ELSA
El ángel...en la Biblia...que trae las buenas nuevas.

CHEO
No te hablo de la Biblia. Te hablo del que hablaba Amelia.

ELSA
Un amigo de Eduardo, creo. Eso dijo Amelia.
(Dándole el café a Eduardo.) Aquí tienes mi hombrecito.

CHEO
¿Otro poeta? ¿Otro maldito intelectual?

ELSA
Desconozco.

CHEO
(Comentando sobre lo que lee en el periódico.) Otra villa tomada
por guerrilleros. Yo los lincharía a todos. A los guerrilleros, a los
poetas, a los comunistas y a todos esos pendejos de intelectuales.
Esos son los culpables de los problemas en los países. Deberían
ponerlos contra la pared y fusilarlos. A todos. Que se vayan para
el carajo.

EDUARDO
Admiro la fuerza bruta.

CHEO
¿Qué carajos te pasa a ti?

EDUARDO
Hablaba con Panchita.

ELSA
¿Quieres más café, Eduardo?

EDUARDO
No. Un calmante.

GABRIEL
Los árboles polvoreados de aguaceros, las ramas colgando de las
gotas y las calles salpicadas con luces de relámpagos...

CHEO

En Vietnam era preciso ver caer a esos malditos comunistas, sangrientos, completamente desmembrados, como si fueran árboles partidos por relámpagos. Yo daba gracias a Dios cada vez que veía morir un pedazo de mierda de aquellos. Estábamos limpiando la tierra de esa mierda de basura para el porvenir. Caían a montones, carajo...los cuerpos...borrando a esos malditos bárbaros. En Vietnam, a este...a este me lo...

EDUARDO

Me lo habrían convertido en todo un hombrecito.

CHEO

Te hubieran puesto las bolas en su sitio.

EDUARDO

Hablaba con Lolita y Panchita.

CHEO

Te deberías ir para el ejército. Eso es lo que tendrías que hacer. Y dejarte de tanta poesía y maricionada. Que te hagan un hombre.

ELSA

¿Te preparo el desayuno, Cheo?

GABRIEL

Los perros huyen despavoridos, una muda recita poemas de Cavafis a un loco que danza en los charcos, y la lluvia cae, continuamente, agujerando la tierra, horadándola, penetrándola cada vez más y más profundamente, fecundándola, para que brote vida, a borbotones, haciendo al universo reír a carcajadas.

EDUARDO

(*A los peces.*) Panchita, Lolita...saben... no vale la pena amar...amar duele.

CHEO

La culpable eres tú, Elsa. Lo mimas demasiado.

EDUARDO
En el fondo, Lolita, amar no es más que violencia...violencia
disfrazada de amor.

ELSA
Por favor, Eduardo. No hables así.

EDUARDO
Panchita, hay que reinventar este juego que llamamos amor.

ELSA
¿Te sientes bien, Eduardo? ¿Llamo al doctor?

EDUARDO
No. A un carnicero...

ELSA
Cheo llama al doctor.

EDUARDO
...para que me saque el alma.

CHEO
Gabriel le ha metido todas esas ideas en la cabeza.

EDUARDO
Dejar de sentir...poder ver el cielo con otros ojos...

CHEO
Por eso el doctor nos pidió que lo mantuviéramos alejado de él.

EDUARDO
¿El doctor? El doctor les dijo....

CHEO
¿Quién es Gabriel, mariquita?

EDUARDO
Eso lo explica.

CHEO
¿Quién es Gabriel?

EDUARDO
No existe.

CHEO
¿Quién es Gabriel, puñeta?

EDUARDO
No existe, dije.

CHEO
(Lanzándose hacia Eduardo.) No me levantes la voz.

ELSA
Déjalo. Me lo vas a matar, Cheo.

CHEO
Te lo voy a arreglar.

GABRIEL
El cielo se ha estillado, escapándose la eternidad y estrellándose
contra los techos de las casas, contra los barquitos de papel que
flotan a la deriva en los charcos de lluvia, contra los ojos de una
muchacha que pide limosna.

EDUARDO
Ha llegado mi momento de partir.

ELSA
¿A dónde vas, mi occidente?

EDUARDO
A buscar mi salvación.

ELSA
Eduardo, tú no estás en condiciones de ir a ningún sitio, por
favor.

CHEO
Regresará. A los cinco minutos.

EDUARDO
¿Mi mochila, madre?

ELSA
Eduardo, está lloviendo.

EDUARDO
¿Dónde pusiste mi mochila?

ELSA
Obedece, hijo.

EDUARDO
Por primera vez, obedezco. A mi corazón.

ELSA
Tú eras tan obediente, hijo. ¿Por qué te has vuelto tan malo?

EDUARDO
¿Soy malo, madre?

ELSA
Ya no escuchas a nadie.

EDUARDO
¿Eso me hace malo?

CHEO
Este solo escucha a Ángel Gabriel.

EDUARDO
Ángel Gabriel no existe.

CHEO
(Sacando unos libros y libretas.) ¿No existe? ¿Y estos libros,
carajo? ¿Y estos poemas?

GABRIEL
No esperes más, Eduardo. Da el salto.

EDUARDO
No son de Gabriel.

CHEO
No. ¿Qué quiere decir esto, entonces? *(Leyendo una dedicación en la primera página de uno de los libros.)* Eduardo, un libro es más que un amigo...es un amante...un compañero fiel. No se puede haber muerto sin haber pateado las piedras muchas veces...pues allí está la eternidad. Que te ilumine. Besos y abrazos, Ángel Gabriel

EDUARDO
Así que tú cogiste mis libros...así que tú cogiste mis libros...

CHEO
Gabriel existe, Elsa. Otro maricón como este. Ha estado corrompiendo la mente de este idiota.

EDUARDO
Gabriel no existe.

ELSA
¿Quién es Gabriel? ¿Eduardo?

EDUARDO
Ustedes han asesinado a Gabriel.

ELSA
¿Gabriel es el muchacho ese... que se fue a México el mes pasado?

EDUARDO
Ya te dije. Gabriel no existe.

CHEO
¿Y estos malditos libros? Te los dejaba escondidos detrás del tiesto de los helechos.

ELSA

Eduardo, por favor, dinos quién es Ángel Gabriel

EDUARDO

Ya les dije.

CHEO

¿Quién carajo es Ángel Gabriel?

EDUARDO

Gabriel ya no existe. Lo ahogaron hace mucho tiempo,

CHEO

(Pegándole a Eduardo.) No me mientas, mamao.

ELSA

No le pegues. Contrólate, Cheo, por favor.

EDUARDO

Gabriel no pertenece al mundo asquiento de ustedes. Es un personaje procreado por mi imaginación. Seres así no sobreviven. Son destruidos por los prejuicios de ustedes.

CHEO

Tú eres asquiento. Tus libros son asquientos. *(Rompiendo el libro de poesías.)*

EDUARDO

No te atrevas a romperlos...

CHEO

Lo que tú piensas me importa tres carajos, hijo de puta.

EDUARDO

Te lo imploro. No los rompas.

CHEO

No te acerques.

EDUARDO

Asesinas mi alma, padre.

CHEO
No existe el alma, no dijiste.

ELSA
No sigas, Cheo. Para, Cheo.

CHEO
Salte del medio. Tú tienes la culpa. Te pasas consintiendo a la nenita esta. ¿Dónde está el libro de poemas de este? ¿Dónde?

EDUARDO
No toques mis poemas.

CHEO
Hasta te mato si quiero.

EDUARDO
Ya lo hiciste.

CHEO
(Encontrando otro libro de poemas y rompiéndolo.) ¿Ves? Lo rompo si me sale de los cojones.

EDUARDO
No lo hagas, no me vuelven a ver.

CHEO
Te como el culo si se me antoja.

ELSA
Cheo...Cheo...

EDUARDO
¿Dónde están mis pastillas, madre?

ELSA
(Rezando.) Dios te salve María....

EDUARDO
Madre, ¿dónde están mis calmantes?

ELSA

...llena eres de gracia. Eduardo, ¿qué haces?

(Eduardo encuentra las pastillas y comienza a tomárselas.)

EDUARDO

Cuando ha fallecido el alma, no hay necesidad de seguir viviendo.

GABRIEL

Eduardo, el tren...a velocidades altas...

ELSA

Dame esas pastillas.

EDUARDO

Cheo me ha asesinado el alma.

GABRIEL

...sigue atravesando...más bien descuartizando la trayectoria...

ELSA

Cheo, ayúdame a quitarle el frasco.

EDUARDO

Que no se me acerque.

ELSA

Me vas a matar, Eduardo.

EDUARDO

Ya estamos muertos. ¿No te das cuenta? Apestamos.

GABRIEL

...tramos carreteras transeúntes paraguas barquitos quedando
atrás...

ELSA

Cheo, por Dios, ven. Se nos va a morir.

CHEO

No importa. El mundo ya no necesita poetas ni maricones.

ELSA

Es tu hijo.

CHEO

Los intelectuales no hacen falta. Mi amor, ¿dónde pusiste la
botella de *whisky*?

EDUARDO

Consíguesela, madre. De paso me das un poco a mí. Haría este
viaje más divertido.

GABRIEL

...detrás, trastornadamente...

EDUARDO

Me voy, madre.

ELSA

Cheo, ven, ayúdame.

CHEO

¿Dónde carajo me escondiste la botella de *whisky*?

EDUARDO

Han asesinado al hombre.

ELSA

Cheo, llama una ambulancia.

CHEO

Yo voy a disfrutar de un trago.

GABRIEL

No hay conductor...saltas y se descarrila.

EDUARDO

Hasta luego, madre. *(Eduardo comienza a sentir los efectos de las
pastillas.)*

ELSA

Eduardo. Reacciona. Maldito sea, Cheo, llama la ambulancia.

CHEO

Elsa, ¿me preparas el desayuno?

EDUARDO

El hombre ha asesinado al hombre.

GABRIEL

Tu occidente, Elsa...no, tu accidente...se descarrila de su órbita, cayendo en el vacío.

EDUARDO

Por fin me voy, madre. (Entrando en el tiempo y espacio de Gabriel.) Gabriel, vamos, salgamos a caminar en la lluvia.

ELSA

Cheo, se nos va Eduardo.

CHEO

Regresará, créemelo. Dale cinco minutos. ¿Dónde pusiste el periódico?

ELSA

Algo aquí se pudre, Cheo.

CHEO

Eduardo, no botó la basura. La sacará cuando venga.

ELSA

Aquí tienes el café. Eduardo no regresará, Cheo.

CHEO

Regresará. No sirve para nada.

EDUARDO

Gabriel...mira...en el horizonte los pelícanos juegan inocentemente con las olas, elevándose y estrellándose, una y otra vez.

GABRIEL
Y en el muelle, Eduardo, los amantes aprenden a amar y un deambulante empujando su carrito atisbado de latas desaprende a vivir civilizadamente.

CHEO
¿Qué hora es, Elsa?

ELSA
Siguen siendo las cinco.

CHEO
Vámonos a la cama. Todavía podemos dormir algo.

ELSA
Ve tú.

CHEO
El periódico dice que hallaron el cadáver de un Ángel Gabriel... flotando en algún muelle en algún río de México...dice que murió ahogado...

ELSA
Gabriel está en Paris, Cheo. Me lo dijo Amelia.

CHEO
Bueno, yo me voy a la cama. ¿Vienes?
(Cheo se regresa al dormitorio.)

ELSA
No. Esperaré a Eduardo.

CHEO
Despiértame a las seis.

(En la sala se ve a Elsa llorando incontrolablemente.)

GABRIEL
El destino agoniza, se cierra el cielo y el amor yace en escombros, Eduardo.

EDUARDO
La redención ya no existe.

GABRIEL
Tal vez se halle en gestación, Eduardo. Espero. Espero. Vamos.
(Gabriel y Eduardo salen.)

El fin.

Made in the USA
Columbia, SC
13 March 2024

32723308R00033